AF224498

NOTICE BIOGRAPHIQUE

DU COMTE

MARIE — JOSEPH — EMMANUEL — AUGUSTE — DIEUDONNÉ

DE LAS-CASES,

Ancien Lieutenant de vaisseau, Chambellan et Conseiller d'État sous l'Empire,
auteur d'un Atlas historique et du Mémorial de Ste-Hélène,
compagnon d'exil de l'Empereur Napoléon Ier,

PAR

M. LE GÉNÉRAL BARON GORSSE,

MAIRE D'ALBI, PRÉSIDENT DU CONSEIL GÉNÉRAL DU TARN,
DÉPUTÉ AU CORPS LÉGISLATIF.

ALBI,

IMPRIMERIE DE MAURICE PAPAILHIAU.

1858.

Albi, le 5 mars 1858.

Monsieur le Rédacteur du Journal du Tarn,

   Sur la foi de plusieurs biographes, **M.** *Massabiau, mon ami et mon collègue au Corps législatif, avait cru que* **M.** *le comte Emmanuel de Las-Cases, l'auteur du* Mémorial de Ste-Hélène, *était né à Revel (Haute-Garonne). Dans cette pensée, il était au moment de s'adresser au Ministre de l'intérieur pour que le Gouvernement participât à une partie des frais nécessaires à l'érection d'un monument destiné à perpétuer la mémoire de cet homme célèbre, lorsqu'apprenant, d'une manière certaine, que le compagnon d'exil du grand Napoléon était né dans les environs de Lavaur (Tarn), il se hâta de m'en faire part.*

   Vous devez comprendre, Monsieur le Rédacteur, toute la joie que m'a fait éprouver, pour le département du Tarn, cette bonne nouvelle ; heureux de penser que si les arrondissements d'Albi, de Gaillac et de Castres citaient avec bonheur les Lapérouse, les d'Hautpoul, les Soult, duc de Dalmatie, l'arrondissement de Lavaur s'énorgueillirait également d'avoir donné le jour au comte de Las-Cases ; illustration d'autant plus grande que son nom, conservé dans l'histoire, restera toujours lié à celui de l'Empereur, qui, grand et généreux dans la prospérité, fut sublime dans l'adversité.

Vous comprenez également, Monsieur le Rédacteur, que, touché du procédé de mon ami, admirateur d'ailleurs, comme lui, des nobles vertus du comte de Las-Cases, je m'acquiterai avec zèle de la noble mission que j'ai à remplir, et qu'à l'aide de mes collègues du département du Tarn, du concours précieux et actif de M. Massabiau et de celui d'une foule de mes collègues, désireux de concourir à une œuvre nationale, je parviendrai à l'accomplir.

Mon intention étant de faire connaître à tous mes compatriotes les services brillants rendus par le comte de Las-Cases, je vous serai reconnaissant de vouloir bien faire insérer dans votre journal la notice ci-jointe, rédigée d'après les renseignements qui m'ont été fournis par des personnss notables des communes de Blan, Belleserre, Dourgne, Lavaur, et surtout par mon excellent ami, M. Massabiau.

Veuillez agréer, je vous prie, Monsieur le Rédacteur, l'expression de mes sentiments de haute estime.

Le général, député au Corps législatif,
Baron Auguste GORSSE.

LE COMTE DE LAS-CASES.

Lorsqu'un homme s'est rendu illustre, il est du devoir de ses compatriotes de faire connaître les titres qui lui marquent une des premières places parmi les hommes les plus remarquables de son époque. C'est ce que je vais essayer de faire par une esquisse rapide de la vie de M. le comte de Las-Cases.

Le comte Marie-Joseph-Emmanuel-Auguste-Dieudonné de Las-Cases, fils :

De François-Hyacinthe, marquis de Las-Cases, commandant pour le roi les villes de Revel, Sorèze et pays en dépendant, chevalier de St-Louis,

Et de Jeanne Naves de Ranchin,

Naquit le 21 juin 1766, au château de Las-Cases, commune de Dourne, réunie depuis 28 ans environ à celle de Blan, canton de Puylaurens (Tarn), et fut baptisé le 22 juin, même année, dans l'église de Belleserre.

Il commença ses études chez les Pères de l'Oratoire, à Vendôme, et les termina à l'école militaire de Paris où il mérita plusieurs fois le prix d'honneur.

Destiné d'abord à servir dans la cavalerie, il se dégoûta de cette arme avant d'y entrer, soit à cause de la petitesse de sa taille et de la débilité de sa constitution, soit pour mettre à profit, dans la carrière de la marine qu'il préféra, la haute protection du grand amiral de France, le duc de Penthièvre, avec lequel sa famille était liée.

Peu après sa sortie de l'école militaire, il fut reçu en qualité d'enseigne à bord d'un vaisseau de l'escadre Gallo-Espagnole, commandé par Louis de Cordova, et se couvrit de gloire au siège de Gibraltar, où il courut les plus grands dangers.

Le 20 octobre 1782, il prit une part glorieuse au combat naval de Cadix, où il eut encore l'occasion de se faire distinguer par son courage, son sang-froid et sa haute intelligence, et dans lequel deux escadres de cinq vaisseaux de ligne chacune, se trouvèrent engagées.

Au retour de la paix, il entreprit, pour son instruction, plusieurs voyages sur mer, afin de compléter, par des notions expérimentales et pratiques, les connaissances théoriques qu'il avait puisées à l'école militaire de Paris, auprès des professeurs les plus distingués de la capitale. Dans ce but, il visita successivement l'Amérique, la nouvelle Angleterre, le Sénégal, l'Ile-de-France et les Indes-Orientales.

Rentré en France à la suite de ses longs et pénibles voyages, il se rendit à Paris pour y subir un examen indispensable à son avancement; interrogé par le célèbre Monge sur les mathématiques, et particulièrement sur les parties de cette science qui se rapportent plus spécialement aux connaissances nécessaires à un officier de marine, il fit un examen des plus brillants; aussi fut-il élevé presqu'immédiatement, quoique à peine âgé de 21 ans, au grade important de lieutenant de vaisseau.

Avide d'instruction, plein d'ardeur et de zèle pour acquérir les connaissances approfondies qui distinguent généralement tous les officiers de la marine, il quitta sa famille pour entreprendre de nouveaux voyages.

Il apprit à St-Domingue les préparatifs de l'expédition de Lapérouse, et désireux de partager la gloire de ce grand navigateur, enfant de notre pays, dont la France s'énorgueillit à juste titre, il demanda et obtint la faveur d'en faire partie ; mais, malgré toute la diligence qu'il fit, il n'arriva sur le continent qu'après le départ de l'expédition.

A l'époque de la révolution de 1789, le comte de Las-Cases se rangea, en 1791, sous les drapeaux de l'émigration dont il se sépara bientôt pour se rendre en Angleterre, où il se livra complètement à l'étude.

Arrivé sur le sol britannique, sans connaissances, sans argent, sans appui, il trouva dans son âme, aussi forte que son corps était débile, tout le courage et toute la fierté nécessaires pour résister à l'abattement et braver l'infortune, en se créant lui seul des moyens honorables d'existence.

Il apprit la langue anglaise et se livra immédiatement aux travaux intellectuels qui, jusque-là, n'avaient été pour lui qu'un objet d'agrément et d'instruction personnelle ; il donna des leçons sur diverses matières d'enseignement, qu'il étudiait au fur et à mesure qu'il devait les développer à d'autres ; aussi disait-il, en riant : « Je suis un précepteur qui m'instruis » moi-même aux frais et aux dépens de mes élèves. » C'est à cette époque qu'il conçut l'idée de son *Atlas historique*, ouvrage précieux qui, dans un cadre restreint mais plein de faits, rappelle à l'homme instruit, habitué à la méditation, les traits les plus saillants de l'histoire des souverains et de tous les peuples.

A son retour d'Egypte, Napoléon, arrivé comme le sauveur de la France, sût par son courage, son énergie et sa sagesse arrêter la révolution qui, pure dans son principe, avait enfanté, par l'effet des factions, des désordres qu'il fallait réprimer. D'un autre côté la France, victorieuse au dehors et pleine d'espérance au dedans, désirait vivement le retour de tous ses enfants. Cette voix du peuple qui, il faut le dire, était la voix de Dieu, fut droit au cœur de Napoléon qui, grand en toutes choses, ne balança pas à faire un appel aux émigrés.

Le comte de Las-Cases, plein de joie de revoir la France et sa famille, se rendit avec bonheur à cet appel et rentra un des premiers. Mais, hélas ! ses biens avaient été vendus, de sorte qu'en rentrant dans sa patrie il se trouva, comme en Angleterre, dénué de toute ressource ; toutefois son âme était satisfaite. Il voyait ses amis, ses parents, et comptait bien, par son travail, se créer une position indépendante. Il se livra en entier à revoir son *Atlas historique* qui, publié avec plus d'étendue et sous une nouvelle forme, obtint un succès tellement extraordinaire qu'il retira de son travail des sommes considérables.

Après avoir goûté, pendant six ans, le calme et la douceur d'une vie laborieuse, consacrée à la retraite et à l'étude de l'ouvrage précieux pour l'histoire qu'il venait de terminer, n'oubliant pas d'ailleurs le souvenir de ses anciens services militaires, Las-Cases s'empressa, inspiré par son patriotisme, d'offrir en 1809, ses services au gouvernement pour marcher, comme volontaire, contre l'armée anglaise qui, sur les bords de l'Escaut, attaquait Flessingue et menaçait Anvers.

Placé à l'état-major du maréchal Bernadotte, commandant en chef cette expédition, il conquit, dès son

arrivée, la haute estime du maréchal et obtint de
Napoléon, sur le rapport qui lui fut fait du zèle, de la
haute intelligence et du brillant courage du jeune de
Las-Cases, le titre de chambellan, fonctions que Las-
Cases sût remplir avec dignité sans descendre au rôle
de courtisan.

De Las-Cases fut très honoré sans doute de recevoir, de la part de Napoléon, la marque de confiance
dont il venait d'être l'objet; mais, né pour l'action et
habitué d'ailleurs à la méditation par le travail et l'é-
tude, il comprit, qu'au lieu de remplir des fonctions
où il n'y avait rien à faire, il lui convenait beaucoup
mieux d'obtenir un emploi qui, moins brillant, lui
offrirait les moyens de s'occuper ; il demanda donc, à
la fin de 1810, et obtint de Napoléon d'être attaché
au conseil d'État, section de la marine, en qualité de
maître des requêtes.

Peu de temps après, Napoléon lui donna une grande
preuve de confiance en l'envoyant en Hollande prendre possession de tous les objets utiles à la marine et
aux constructions navales.

En 1811, il fut chargé de la liquidation des dettes
des provinces Illyriennes et montra, dans cette mission
délicate, autant de capacité financière que d'intégrité.

Au retour de cette mission, en 1812, Napoléon lui
exprima toute sa satisfaction, en lui confiant l'inspec-
tion des établissements publics, prisons, hôpitaux,
dépôts de mendicité, etc., d'une grande partie de
l'empire. Il lui donna ordre en même temps, de
rassembler, dans sa tournée, le plus de renseignements possibles, sur tout ce qui concernait le service
de mer, sur les ports et stations navales, depuis
Toulon jusqu'à Amsterdam.

Après les désastres de Moscou et de Leipsick, Napoléon chargea Las-Cases du commandement de la 10e légion de la garde nationale de Paris, sachant bien qu'il pouvait compter sur sa fidélité et son dévouement.

Aux évènements de 1814, époque à laquelle les armées alliées firent, le 30 mars, leur entrée à Paris, il se manifesta de nombreuses défections parmi des personnes qui, comblées jusqu'alors de bienfaits par l'Empereur, se disposaient à lui faire subir le sort *du lion mourant*. Témoin de tant de lâchetés, de Las-Cases, resté toujours fidèle à ses devoirs, témoigna hautement son indignation, et les nouvelles preuves de son loyal dévouement à la cause de l'empire, lui méritèrent l'honneur d'être nommé conseiller d'État par Napoléon à son retour de l'île d'Elbe. L'Empereur releva le prix de ce nouveau bienfait en adressant à Las-Cases, qui lui en témoignait sa vive reconnaissance, ces mots si affectueux et si flatteurs : « On m'a dit tant de bien de vous que je ne pouvais » agir autrement ; mais, il y a plus, c'est avec une » satisfaction particulière que je vous ai élevé à cette » haute position. »

La bataille néfaste de Waterloo, qui renversa de nouveau les espérances de Napoléon et qui fut encore une fois, pour plusieurs de ses courtisans, le signal de leur défection, ne fit qu'accroître le dévouement et la fidélité que Las-Cases avait voués à l'Empereur ; vertus sublimes qui, à Ste-Hélène surtout, furent à la hauteur des nombreuses infortunes et des mauvais traitements que son bienfaiteur eut à subir de ses geôliers, dans cette île lointaine et insalubre !

Décidé plus que jamais à ne point se séparer de

Napoléon quelle que pût être sa destinée, de Las-Cases fut impatient de lui faire agréer sa résolution, lorsque étant de service à la Malmaison, il lui déclara le projet qui remplissait son âme.

« Savez-vous où cela pourra vous mener. » Lui dit Napoléon en le regardant de la tête aux pieds et avec le ton de la bienveillance ?

« Je n'ai, à cet égard, répliqua de Las-Cases, fait » aucun calcul, mais le plus ardent de mes désirs » sera satisfait si vous accédez à ma demande. » « Bien, bien ! » fut alors la seule réponse de l'Empereur ; et, en partant pour Rochefort il lui permit en effet de l'accompagner. De Las-Cases emmena avec lui son fils Emmanuel qui fut ainsi admis à partager l'exil du grand homme.

L'intention de Napoléon était de se rendre aux Etats-Unis ; mais, pour réaliser ce projet, il eût fallu passer, ce qui était impossible, au travers de la croisière anglaise qui lui en fermait le chemin. Il envoya vainement le comte de Las-Cases avec les généraux Savari et Lalleman, pour réclamer un libre passage. Le chef de la croisière répondit que tout ce qu'il pouvait accorder, d'après les ordres qu'il avait reçus, c'était de conduire Napoléon et sa suite en Angleterre.

Dans cette situation, Napoléon accepta l'offre du capitaine anglais, pensant, ainsi que le lui avait fait entrevoir cet officier de marine, qu'aussitôt qu'il aborderait le *Bellérophon*, il serait sur le sol britannique ; que la nation anglaise se trouverait liée par les droits de l'hospitalité, droits sacrés chez les peuples les plus barbares ; enfin, qu'à l'instar de tous les réfugiés de tous les pays qui vont chercher un asile en Angleterre, il jouirait, au moins comme eux, de tous les droits civils qui leur étaient accordés.

C'est ainsi que l'illustre exilé, toujours si généreux dans le triomphe, appréciait, d'après sa grande âme, le caractère de la nation anglaise et du Prince régent. Dans cette noble confiance, il écrivit à ce dernier la lettre suivante :

« Altesse Royale, En butte aux factions qui divi-
» sent mon pays et à l'inimitié des plus grandes puis-
» sances de l'Europe, j'ai consommé ma carrière
» politique.

» Je viens comme Thémistocle, m'asseoir sur le
» foyer du peuple britannique; je me mets sous la
» protection de ses lois, que je réclame de Votre
» Altesse Royale, comme celle du plus puissant, du
» plus constant, du plus généreux de mes ennemis. »

Le général Gourgaud fut chargé de porter immédiatement cette lettre autographe de l'Empereur au Prince régent, et de la remettre à sa personne; mais, à son arrivée en Angleterre, cet officier-général ne pût, malgré ses efforts, remplir sa mission : on reçut la lettre dont il était porteur, en s'opposant obstinément à son débarquement.

A l'arrivée du *Bellérophon* en Angleterre, l'Empereur sentit revivre en lui l'espoir que la nation anglaise l'accueillerait sans difficulté et lui procurerait même le moyen de se rendre aux États-Unis, où il désirait terminer sa vie politique.

Malheureusement il n'en fut point ainsi pour le repos de l'Empereur comme pour l'honneur de l'Angleterre. Le Prince régent s'effaça, et ce furent les ministres seuls qui, assumant sur eux la responsabilité d'un fait aussi grave, chargèrent le chevalier

de Banbury, secrétaire d'État, et le lord amiral Keith,
de communiquer et de remettre à Napoléon la décision qui le déportait à l'île de Ste-Hélène.

Napoléon repoussa avec énergie la violence qu'on
exerçait sur sa personne : « Il était, disait-il, l'hôte
» de l'Angleterre et n'était point son prisonnier; il
» était venu librement se placer sous la protection
» de ses lois; on violait sur lui les droits sacrés de
» l'hospitalité; il n'accéderait jamais volontairement
» à l'outrage qu'on lui ménageait; la violence seule
» pouvait l'y contraindre. »

Cette décision, écrite en langue anglaise, fut tra-
duite par le comte de Las-Cases, la voici :

Communication faite par lord Keith au nom des ministres.

« Comme il peut être convenable au général Bona-
» parte d'apprendre, sans un plus long délai, les
» intentions du gouvernement britannique à son égard,
» Votre Seigneurie lui communiquera l'information
» suivante :
» Il serait peu consistant avec nos devoirs envers
» notre pays et les alliés de Sa Majesté, si le général
» Bonaparte conservait les moyens ou l'occasion de
» troubler de nouveau la paix de l'Europe; c'est
» pourquoi il devient absolument nécessaire qu'il soit
» restreint dans sa liberté personnelle, autant que
» peut l'exiger ce premier et important objet.
» L'île de Ste-Hélène a été choisie pour sa future
» résidence : son climat est sain, et sa situation
» locale permettra qu'on l'y traite avec plus d'indul-
» gence qu'on ne le pourrait faire ailleurs, vu les

» précautions indispensables qu'on serait obligé d'em-
» ployer pour s'assurer de sa personne.

» On permet au général Bonaparte de choisir parmi
» les personnes qui l'ont accompagné en Angleterre,
» à l'exception des généraux Savari et Lalleman,
» trois officiers, lesquels, avec son chirurgien, auront
» la permission de l'accompagner à Ste-Hélène, et
» ne pourront point quitter l'île sans la sanction du
» gouvernement britannique.

» Le contre-amiral sir Georges Cockburn, qui est
» nommé commandant en chef du Cap de Bonne-
» Espérance et des mers adjaçantes, conduira le
» général Bonaparte et sa suite à Ste-Hélène, et
» recevra des instructions détaillées touchant l'exé-
» cution de ce service.

» Sir G. Cockburn sera probablement prêt à partir
» dans peu de jours ; c'est pourquoi il est désirable
» que le général Bonaparte fasse sans délai le choix
» des personnes qui doivent l'accompagner. »

Napoléon demanda au comte de Las-Cases s'il le
suivrait à Ste-Hélène ; ce dernier lui répondit :
« qu'ayant sauté à pieds joints sur toutes les chances,
» celle de Ste-Hélène n'avait rien qui dut la faire
» excepter ; et qu'il désirait ardemment qu'il le dési-
» gnât pour le suivre, son dévouement et sa vie lui
» étant consacrés sans restriction. »

L'Empereur, ému de cette réponse, le désigna, et
fit choix, parmi ses officiers, du grand maréchal
Bertrand et des généraux de Montholon et Gourgaud.

A la suite de son entrevue avec l'amiral Keith,
Napoléon crut devoir lui adresser la protestation suivante, qu'avait préparée Las-Cases et que lui-même
avait corrigée :

« Je proteste solennellement ici, à la face du ciel
» et des hommes, contre la violence qui m'est faite,
» contre la violation de mes droits les plus sacrés,
» en disposant, par la force, de ma personne et de
» ma liberté. Je suis venu librement à bord du *Bellé-*
» *rophon ;* je ne suis pas le prisonnier, je suis l'hôte
» de l'Angleterre. J'y suis venu à l'instigation même
» du capitaine, qui a dit avoir des ordres du gou-
» vernement de me recevoir, et de me conduire en
» Angleterre avec ma suite, si cela m'était agréable.
» Je me suis présenté de bonne foi, pour venir me
» mettre sous la protection des lois d'Angleterre.
» Aussitôt assis à bord du *Bellérophon*, je fus sur le
» foyer du peuple britannique. Si le gouvernement,
» en donnant des ordres au capitaine du *Bellérophon*
» de me recevoir ainsi que ma suite, n'a voulu que
» tendre une embûche, il a forfait à l'honneur et
» flétri son pavillon.

» Si cet acte se consommait, ce serait en vain
» que les Anglais voudraient parler désormais de
» leur loyauté, de leurs lois et de leur liberté; la
» foi britannique se trouvera perdue dans l'hospitalité
» du *Bellérophon.*

» J'en appelle à l'histoire : elle dira qu'un ennemi
» qui fit vingt ans la guerre au peuple Anglais,
» vint librement, dans son infortune, chercher un
» asile sous ses lois : quelle plus éclatante preuve
» pouvait-il lui donner de son estime et de sa con-
» fiance? Mais, comment répondit-on en Angleterre
» à une telle magnanimité? On feignit de tendre une
» main hospitalière à cet ennemi, et quand il se fut
» livré de bonne foi, on l'immola. »

La politique égoïste des ministres fut sourde à

cette protestation sublime; étouffant la voix de la raison, celle de l'honneur et de la gloire du peuple Anglais étranger à tant d'excès odieux, ils répondirent à ce noble appel par des ordres inqualifiables, inouis, dignes des temps les plus barbares, et dont nous ne pouvons reproduire ici le texte sans un profond dégoût.

Qu'on les lise, on les jugera :

Ordre de l'amiral Keith au capitaine Mailland,
du Bellérophon.

« Toutes les armes quelconques seront prises des
» français de tous rangs qui sont à bord du vais-
» seau que vous commandez, seront soigneusement
» ramassées et demeureront à votre charge tant
» qu'ils resteront à bord du *Bellérophon;* elles seront
» ensuite à la charge du capitaine du vaisseau à
» bord duquel ils seront transportés.

» Start-Bay, 6 août 1815. »

Instruction des Ministres à l'amiral Cockburn.

« Lorsque le général Bonaparte sera conduit du
» *Bellérophon* à bord du *Northumberland,* ce sera un
» moment convenable pour l'amiral sir G. Cockburn
» de diriger la visite des effets que le général portera
» avec lui.

» L'amiral sir G. Cockburn laissera passer les articles
» de meubles, les livres, *les vins,* que le général
» pourrait avoir avec lui (les vins ! observation bien
digne des ministres anglais).

» Sous l'article des meubles, on comprendra l'ar-
» genterie, pourvu qu'elle ne soit pas en si grande
» quantité qu'on pût la regarder, moins comme un
» usage domestique, que comme une propriété con-
» vertible en espèces.

» Il devra abandonner son argent, ses diamants
» et tous ses billets négociables, de quelque nature
» qu'ils soient.

» Le gouverneur lui expliquera que le gouver-
» nement britannique n'a nullement l'intention de
» confisquer sa propriété, mais seulement d'en saisir
» l'administration, afin de l'empêcher d'en faire un
» instrument d'évasion.

» L'examen doit être fait en présence de quelques
» personnes nommées par le général Bonaparte, et
» un inventaire de ces effets devra demeurer signé
» de ces personnes, aussi bien que par le contre-
» amiral, ou tout autre individu désigné par lui
» pour assister à cet inventaire. L'intérêt ou le prin-
» cipal, suivant le montant de la somme, sera
» applicable à ses besoins, et la disposition en de-
» meurera principalement à son choix. A ce sujet,
» il communiquera de temps en temps ses désirs,
» d'abord à l'amiral et ensuite au gouverneur, quand
» celui-ci sera arrivé; et à moins qu'il n'y ait lieu
» à s'y opposer, ils donneront des ordres nécessaires
» et paieront les dépenses par des billets tirés sur
» le trésor de Sa Majesté.

» En cas de mort (quelle prévoyance!!!), la dis-
» position des biens du général sera déterminée par
» son testament, les contenus duquel, il peut en
» être assuré, seront strictement observés. Comme
» il pourrait se faire qu'une partie de sa propriété

» vint à être dite celle des personnes de sa suite,
» celles-ci seront soumises aux mêmes règles.

» L'amiral ne prendra à bord personne de la suite
» du général Bonaparte, pour Ste-Hélène, que ce
» ne soit du propre consentement de cette personne,
» et après qu'il lui aura été expliqué qu'elle devra
» être soumise à toutes les règles qu'on jugera con-
» venable d'établir pour s'assurer de la personne du
» général. On laissera savoir au général que, s'il
» essayait de s'échapper, il s'exposerait à être mis
» en prison (en prison !!!), ainsi que quiconque de
» sa suite qui serait découvert cherchant à favoriser
» son évasion. (Plus tard, le bill du Parlement soumet
ces derniers à la peine de mort.)

» Toutes les lettres qui lui seront adressées, ainsi
» qu'à ceux de sa suite, seront données d'abord à
» l'amiral ou au gouverneur, qui les lira avant de
» les rendre ; il en sera de même des lettres écrites
» par le général ou ceux de sa suite.

» Le général doit savoir que le gouverneur ou
» l'amiral ont reçu l'ordre positif d'adresser au gou-
» vernement de Sa Majesté tout désir ou représen-
» tation qu'il jugera devoir faire : rien là-dessus n'est
» laissé à leur discrétion ; mais le papier sur lequel
» les représentations seraient faites doit demeurer
» ouvert, pour qu'ils puissent y joindre les obser-
» vations qu'ils jugeront convenable. »

Telles furent les mesures iniques que prirent les
ministres anglais pour empêcher, disaient-ils, qu'à
l'avenir l'Europe ne fut encore agitée. L'Empereur
protesta de nouveau, mais en vain.

Toutefois, le peuple anglais, plus juste et plus
loyal, ne tarda pas à donner à Napoléon, pendant son

court séjour dans la rade de Plymouth, des témoignages éclatants de sympathie :

Avide de le voir, toute l'Angleterre se précipita sur cette ville ; la mer se couvrait, tous les jours, d'une multitude de bâteaux qui, se groupant, pour attendre l'Empereur, présentaient l'aspect d'une place publique où ce peuple se trouvait réuni.

A la vue de Napoléon, cette innombrable assemblée lui exprimait, soit en se découvrant, en signe de respect, soit en faisant entendre de vives acclamations, tout l'intérêt que lui inspirait tant de malheur et tant de gloire.

Touché de cet accueil, l'Empereur dicta à de Las-Cases une pièce propre à servir de base aux légistes pour discuter et défendre sa situation politique ; pièce qu'on trouva le moyen de faire passer à terre.

D'un autre côté, le bruit se répandit bientôt qu'un officier public était parti de Londres, avec un ordre d'*habeas corpus*, pour réclamer la personne de l'Empereur, au nom de la loi ; on disait aussi que lord Keith avait eu à peine le temps d'échapper à cet embarras.

Le fait est que, pour eviter le retour des manifestations qui s'étaient produites et qui avaient troublé le repos des ministres, on fit partir, d'urgence, le *Bellérophon* pour la rade de Start-Points, au lieu de l'envoyer à Torbay, où, cependant, pour le mouillage, il eût été complètement en sûreté ; mais on craignit qu'à Torbay le vaisseau ne fut trop près de terre, et que, comme à Plymouth, l'Empereur n'y fut encore l'objet de nouvelles manifestations ; on hâta, enfin, l'armement du *Northumberland*, destiné à porter

Napoléon à Ste-Hélène avec ordre de joindre le *Bellé-rophon*; mais la précipitation fut telle que les approvisionnements de ce vaisseau ne purent se compléter qu'à la mer, à la hauteur des ports de Plymouth et de Falmouth.

Le moment du passage de l'Empereur, sur le *Northumberland*, fut des plus attendrissants : les français qui l'avaient suivi, dans l'espoir de partager son exil, fondaient en larmes; le duc de Rovigo se précipita, en sanglotant, aux pieds de Napoléon qui, calme et impassible, le releva et l'embrassa. Témoin de cette scène, tout l'équipage du *Bellérophon* en fut ému; et de Las-Cases, saisissant cette circonstance, dit, en s'adressant à l'amiral Keith : « Vous voyez, » Milord, que ceux qui pleurent, sont ceux qui res- » tent. »

Sensible à cette grande infortune, l'équipage du *Bellérophon* ne faillit pas, tout le temps que l'Empereur resta à bord de ce vaisseau, aux sentiments nobles et élevés qui vivent toujours dans le cœur des braves; il l'entoura de déférence et de respect.

Mais les ministres anglais, étrangers à ces nobles sympathies, blâmèrent l'équipage du *Bellérophon* et eurent l'indigne courage de donner l'ordre à celui du *Northumberland* de ne donner à Napoléon que le titre de général.

Telle fut la conduite lâche et inexplicable de ces ministres vis-à-vis de celui qui, maître des destinées de l'Europe, avait fait sept ou huit rois; de celui qui, appelé trois fois par le peuple à la souveraineté, avait été, pendant plus de 10 ans, Empereur des français, oint et sacré en cette qualité par le chef suprême de l'église; de celui enfin qui, reconnu Empereur par tout le continent, avait traité, comme tel, avec tous les souverains et conclu avec eux des alliances d'intérêt et de sang.

Outré de cette insulte qui, aux yeux de la postérité, ne pouvait l'atteindre, il échappa à l'Empereur de dire, dans un moment d'humeur, en se servant d'expressions énergiques : « Qu'ils m'appellent comme ils » voudront, ils ne m'empêcheront pas d'être moi ! »

C'est pendant le cours de ce long et pénible voyage à Ste-Hélène, dont la durée fut de 70 jours à partir d'Angleterre et de 110 de Paris, que l'Empereur apprécia plus particulièrement l'esprit, le dévouement, l'intelligence et les qualités du cœur du comte de Las-Cases qui, fréquemment dans sa société, lui était devenu d'autant plus nécessaire qu'il lui traduisait les principaux ouvrages de la bibliothèque du *Northumberland*, que l'amiral Cockburn avait eu la gracieuseté de mettre à sa disposition.

Cette bibliothèque, composée pour la plupart de livres anglais, renfermait cependant quelques ouvrages français, parmi lesquels Napoléon aperçut l'*Atlas historique et géographique* de Le Sage qu'il ne connaissait pas ; le titre de cet ouvrage attira son attention ; il le lut en entier et en fut enchanté ; il en causa avec Las-Cases et lui dit que : « s'il l'eût connu, il en eût » rempli les lycées, les colléges et les écoles. »

De Las-Cases lui fit connaître qu'il en était l'auteur. L'Empereur lui demanda le motif pour lequel il l'avait fait paraître sous le nom de Le Sage. Las-Cases lui répondit que : « si cet ouvrage eut été publié » sous son nom, au moment de l'émigration, il aurait » craint, à cette époque de terreur, de compromettre » sa famille ; et puis, ajouta-t-il, en riant, jeune

» alors, j'obéis peut-être à des préjugés d'enfance,
» à la façon des nobles Bretons qui, pour ne pas
» déroger, déposaient leurs épées au greffe durant
» le temps de leur négoce. »

Pour faire connaître le degré de haute confiance
que l'Empereur avait en Las-Cases, je dirai qu'un
jour Napoléon, à la suite des mesures prises contre
lui, fit part à son compagnon d'exil de l'abattement
dans lequel son âme était plongée, et qu'après avoir
attentivement écouté les paroles consolantes, pleines
de force et de raison de son confident, l'Empereur
lui dit : « Vos paroles ont leur intérêt, mais que
» pourrons-nous faire dans ce lieu perdu ? — Sire,
» nous vivrons du passé ; il a de quoi nous satis-
» faire ; ne jouissons-nous pas de la vie de César,
» de celle d'Alexandre ? nous posséderons mieux,
» vous vous relirez, Sire ! — Eh bien ! dit l'Em-
» pereur, nous écrirons nos *Mémoires*. Oui, il fau-
» dra travailler ; le travail est aussi la faulx du temps.
» Après tout, on doit remplir ses destinées ; c'est
» aussi ma grande doctrine. Eh bien ! que les miennes
» s'accomplissent. »

Arrivé au mouillage de Ste-Hélène, l'amiral Cockburn se rendit immédiatement à terre pour reconnaître lui-même le local que pourrait occuper l'Empereur ; une seule habitation, celle de Longwood,
parut lui convenir, pourvu qu'elle reçut de nombreuses réparations, dont la durée pouvait être évaluée
à deux mois environ.

Il était formellement exprimé, dans les ordres
donnés par les ministres, que dans le cas où la maison destinée à Napoléon ne pourrait pas le recevoir
de suite, on le retiendrait à bord du vaisseau ; mais

comment se résoudre à retenir, encore, pendant deux mois, à bord du *Northumberland*, des hommes qui, peu habitués aux fatigues et au séjour de la mer, venaient de faire déjà une traversée de près de trois mois?

Dans cette situation, l'amiral ne balança pas, soit par déférence pour l'Empereur, soit aussi par humanité, à prendre sur lui la responsabilité de la non-exécution de l'ordre ministériel; il annonça donc à l'Empereur, avec l'expression d'une satisfaction intérieure, qu'il le ferait débarquer le lendemain.

Si, sous la pression de l'ordre des ministres donné à l'équipage du *Northumberland*, pour que l'Empereur ne reçut d'autre titre que celui de général, Napoléon ne fut pas accueilli de suite avec tout le respect que méritait une tête couronnée de tant de gloire, peu de jours suffirent à l'équipage de ce vaisseau, pour reconnaître qu'il ne pouvait se rendre le complice d'un ordre aussi injurieux; au moment du débarquement de l'Empereur il en donna une preuve éclatante : Tous les officiers se réunirent sur la dunette, et une grande partie de l'équipage sur les passavants, pour témoigner à l'illustre captif tout l'intérêt qu'il leur inspirait : ils avaient eu le temps de juger et d'apprécier son mérite, l'étendue de son esprit et sa vaste capacité; d'oublier l'ordre des ministres, enfin de se rappeler que, consacrés à la noble carrière des armes, pour laquelle l'honneur est un culte, ils ne pouvaient se dispenser de rendre hommage au malheur, en entourant de déférence et de respect celui qui, par ses victoires, avait rempli le monde entier du bruit de son nom.

D'après les instructions des ministres, Napoléon

aurait dû être privé de son épée; mais je me hâte de dire, avec bonheur, que, ni l'amiral Keith, sur le *Bellérophon*, ni l'amiral Cockburn, sur le *Northumberland*, ne consentirent à faire exécuter un ordre aussi injurieux.

Honneur soit donc rendu à la nation et à l'armée anglaise qui, sensibles au malheur, à Plymouth comme sur le *Bellérophon* et le *Northumberland*, surent honorer l'infortune du grand Napoléon! sentiment inconnu au cœur des ministres anglais de cette époque!

Pourquoi faut-il que les nations française et anglaise, les plus éclairées et les plus puissantes de l'Europe, aient été à l'imitation des Romains et des Carthaginois constamment divisées lorsque, par leur union, elles eussent pu, en toute sécurité, développer leur industrie, leur commerce et éclairer le monde du flambeau des lumières dont l'une et l'autre ont su conserver le feu sacré?

Mieux éclairées, grâce à la sagesse de Napoléon III, ces deux grandes nations ne sont plus divisées : leurs armées n'en font qu'une; union qui, cimentée et scellée par le sang sur les divers champs de bataille, en Crimée, devant Sébastopol et tout récemment devant Canton, a déjà enfanté de nombreux prodiges de courage, d'audace et de valeur; heureuse alliance qui, en augmentant, aux yeux des peuples de l'Europe, la gloire de la France et de l'Angleterre, concourra puissament, à l'aide du christianisme, au développement de la civilisation des peuples encore plongés dans la barbarie; heureuse alliance enfin, qui, chère à la nation anglaise, a excité récemment de tous les points de l'empire britannique, de nombreuses adresses de félicitation à Napoléon III, préservé miraculeusement dans l'affreux attentat du 14 janvier dernier, commis contre sa personne et celle de notre gracieuse Impératrice.

Au débarqué à Ste-Hélène, l'Empereur alla se loger en ville, dans un hôtel garni où il ne se trouva guère mieux qu'à bord du vaisseau. Le lendemain, accompagné du grand maréchal et de l'amiral, il visita Longwood, situé à trois lieues de la ville.

A leur retour, ils aperçurent une petite maison de campagne, appelée Briars, peu éloignée de Ste-Hélène; l'Empereur désira s'y fixer de suite, afin d'éviter de retourner à la ville où il avait eu le désagrément de voir son habitation entourée de nombreux factionnaires et de curieux qui se groupaient sous ses fenêtres; son intention était d'y demeurer jusqu'à ce que les réparations à faire à Longwood fussent terminées.

Aussitôt après son installation à Briars, il fit appeler de Las-Cases et lui dit : « Ah! vous voilà! » pourquoi n'avez-vous pas amené votre fils? — » Sire, répondit-il, le respect, la discrétion, m'en » ont empêché. — Vous ne sauriez vous en passer, » continua-t-il; faites-le venir. »

Je ne ferai pas la description de l'humble demeure du plus grand capitaine du monde; je dirai seulement que, dans aucune de ses campagnes, l'Empereur n'avait occupé un logement plus exigu, ni éprouvé autant de privations.

Je n'entrerai pas non plus, ici, dans le détail de toutes les indignes vexations que le gouverneur Hudson Lowe exerça contre lui, non-seulement parce que, malheureusement pour l'honneur de l'humanité, elles ne sont que trop connues, mais aussi parce qu'elles ont été soigneusement consignées dans le *Mémorial de Ste-Hélène*.

Je citerai néanmoins quelques faits propres à faire connaître Hudson Lowe, pour en déduire ensuite que les ministres ne l'avaient désigné, pour être le gouverneur de Ste-Hélène, qu'en vue de se servir de lui afin d'assouvir leur haine implacable contre l'Empereur.

Hudson Lowe, né en Irlande (1770), commanda en 1805, sur les côtes de l'Adriatique, une légion de bandits et de déserteurs Corses, Piémontais et Siciliens. En 1806, il fut chargé du commandement du château et de l'île de Capri, mission autant politique que militaire, cette île étant le centre de la surveillance que l'Angleterre exerçait dans le royaume de Naples. Mauvais militaire, il n'eût ni assez de courage, ni assez d'intelligence pour défendre avec des forces considérables, contre une poignée d'hommes commandés par le vaillant général Lamarque, l'île et le château de Capri entourés et hérissés de rochers. En 1813, il fut envoyé comme commissaire du gouvernement anglais auprès du général Blücher, et en 1816 à Ste-Hélène.

Ce choix odieux ne révèle-t-il pas assez la pensée des ministres anglais ?

Était-ce à un ancien chef de bandits et de déserteurs de toutes les nations, et à un homme assez lâche pour n'avoir pas su défendre Capri, qu'il eût fallu donner la garde de Napoléon ?

Était-il digne enfin, pour l'honneur de la nation anglaise, dont les ministres étaient peu soucieux, que l'homme de leur choix eût la bassesse de diminuer la nourriture de l'Empereur, de retenir les lettres de famille qui venaient à son adresse, de le faire surveiller ouvertement et de le faire suivre partout, même dans l'étroite limite qu'on lui avait tracée !

Si l'intention des ministres avait été seulement de s'assurer de l'Empereur pour éviter que par une évasion il agitât de nouveau l'Europe, ils eussent fait choix, bien certainement, d'un militaire, pris parmi les plus braves, qui, sévère observateur de ses devoirs, eût su, par sa politesse, ses manières et ses égards, rendre plus légère la chaîne du noble captif; mais telle n'était pas l'intention des ministres; ils voulaient avoir un homme qui, par ses exécrables antécédents, ses habitudes et sa brutalité ne craignit pas d'accroître la rigueur des ordres qui lui avaient été donnés; à cet égard les ministres ne pouvaient faire, en désignant Hudson Lowe, un meilleur choix.

En parlant d'Hudson Lowe l'Empereur disait :

« Cet homme est sans fibres; il est capable de
» tout, mais de tout; le plus mauvais procédé des
» ministres n'a point été de m'exiler à Ste-Hélène,
» mais bien celui d'avoir envoyé ici, comme gou-
» verneur, Hudson Lowe que je considère comme
» le plus grand fléau de toutes les misères que
» j'éprouve sur cet affreux rocher; ajoutant, « que
» si Hudson Lowe eût commandé des hommes, des
» Anglais, s'il l'était lui-même, il aurait des égards
» pour ceux qu'on doit honorer. »

Les mesures acerbes d'Hudson Lowe n'atteignaient pas seulement l'Empereur, elles s'étendaient aussi sur tous ceux qui, par dévouement, l'avaient suivi, parce qu'il savait qu'en persécutant ses compagnons d'exil, il augmentait les tourments de Napoléon qui les affectionnait tous, spécialement de Las-Cases qui, d'ailleurs, lui était nécessaire pour la rédaction de ses mémoires.

Hudson Lowe se plaignait hautement de ce que Las-Cases écrivait sans cesse en Europe, déclamant toujours contre le gouvernement et les mauvais traitements qu'on exerçait contre eux. Il se plaignait surtout de ce qu'en entretenant les personnes qui venaient visiter l'Empereur, il cherchait à faire ressortir auprès d'elles la situation affreuse et digne d'intérêt de l'illustre prisonnier de Ste-Hélène.

Un autre homme qu'Hudson Lowe, eût compris que la plainte est toujours permise à des victimes, surtout lorsqu'elle est fondée; mais, comme je l'ai dit, précédemment, Hudson Lowe n'avait ni cœur ni âme; sa vie entière avait été consacrée à l'espionnage, ignoble métier qu'il ne rougit pas d'exercer auprès du comte de Las-Cases, dans le but de trouver le moyen de l'expulser de l'île de Ste-Hélène.

Voici le fait : De Las-Cases avait à son service un domestique qu'il avait pris parmi les habitants de l'île; il en était très satisfait. Sur un soupçon d'Hudson Lowe, ce domestique reçut ordre de le quitter et de n'avoir plus aucune relation avec lui. Ce domestique s'éloigna, mais, désireux, au bout de quelques jours, de revoir son ancien maître, il ne craignit point d'aller chez lui, ayant surmonté, disait-il, tous les obstacles qui rendaient les approches de Longwood si difficiles; et, avec un air de mystère, il demanda à son ancien maître s'il avait quelques commissions pour Londres, où il disait qu'il était sur le point de se rendre. De Las-Cases lui confia des lettres déjà écrites, destinées à passer par les mains du gouverneur, mais qui, à cause des plaintes d'Hudson Lowe contre lui, ne lui avaient pas été encore envoyées.

A peine deux ou trois heures se furent-elles écoulées, que ces lettres se trouvèrent entre les mains du gouverneur qui, enchanté du succès de sa ruse, ne craignit pas de faire arrêter immédiatement De Las-Cases, sous prétexte de conspiration tramée par lettres secrètes. Les portes de son appartement furent enfoncées, ses effets visités; on s'empara de ses papiers et sa personne fut confiée à la garde la plus sévère.

C'est au milieu de cette torture, suite d'un guet-apens, que De Las-Cases reçut de l'Empereur la lettre suivante que je ne puis me dispenser de faire connaître, parce que, pleine de sentiments élevés, elle honore autant la mémoire du grand Napoléon que celle du comte de Las-Cases.

La voici :

« Mon cher Las-Cases, mon cœur ressent vive-
» ment ce que vous endurez, depuis quinze jours
» qu'on vous a arraché d'auprès de moi, on vous
» a mis au secret, sans vous permettre de recevoir
» ni de donner de vos nouvelles, sans vous laisser
» commuiquer avec qui que ce soit, Anglais ou
» Français, en vous privant même d'un domestique
» de votre choix.

» Votre conduite à Ste-Hélène a été, ainsi que
» votre vie, sans reproche; j'aime à vous le répéter.
» Votre société m'était bien nécessaire. Vous seul
» lisiez, parliez et entendiez l'Anglais. Combien de
» nuits n'avez-vous point passées près de moi, pen-
» dant les accès de ma maladie !

» A votre retour en Europe, si vous allez en
» Angleterre ou si vous retournez dans vos foyers,
» perdez le souvenir de tous les maux qu'on vous
» a fait endurer, mais glorifiez-vous de la fidélité
» que vous m'avez montrée et de la grande affection
» que je vous porte. Si vous voyez un jour ma fem-
» me et mon fils, embrassez-les. Depuis deux ans,
» je n'ai point entendu parler d'eux directement ni
» indirectement

» Il est venu, il y a environ six mois, dans cette
» ville, un botaniste allemand qui les avait vus
» dans les jardins de Schœnbrun, quelques mois
» avant son départ : les barbares ont mis tous leurs
» soins à l'empêcher de me donner de leurs nou-
» velles. Mon corps est au pouvoir de la haine de
» mes ennemis. Ils n'oublient rien de ce qui peut
» assouvir leur vengeance. L'insalubrité de ce climat
» dévorant, le manque de chaque chose nécessaire
» à la vie, mettront bientôt, je le sens, fin à cette
» existence dont les derniers moments seront un
» opprobre pour le caractère de la nation anglaise :
» et l'Europe signalera un jour avec horreur cet
» homme perfide et cruel, que tout véritable anglais
» désavouera pour un enfant d'Albion.

» Comme il n'y a point de raison de croire qu'on
» vous permette de me voir avant votre départ, re-
» cevez mes embrassements et l'assurance de mon
» estime et de mon amitié. Soyez heureux.

Retenu quelque temps à Ste-Hélène, De Las-Cases
fut conduit à 500 lieues de là, au Cap de Bonne-Espérance, d'où il partit au bout de huit mois pour
l'Angleterre, toujours comme prisonnier.

A peine sur la Tamise, un agent de la police,

que lord Castlereagh tenait aux ordres de la Sainte-Alliance, saisit ses papiers, sans vouloir en dresser l'inventaire, et le renvoya sur le continent toujours prisonnier. De Las-Cases abreuvé de dégoût, traîné de prison en prison, accablé de mauvais traitements qui avaient ruiné sa santé pour toujours, arriva à Francfort-sur-le-Mein.

De la prison de cette ville, De Las-Cases adressa à l'empereur d'Autriche la lettre suivante : « Sire, » celui qui, grand dans toutes les circonstances, » m'écrivit du rocher de misère sur lequel il languit » lui-même, ces mémorables paroles qui ont soutenu, » élevé mon âme : *Dans quelques lieux qne vous alliez,* » *vantez-vous de la fidélité que vous m'avez montrée ;* » celui-là m'a donné des droits à la bienveillance » de tous les monarques. Sire, je me place sous la » protection de Votre Majesté impériale. »

De Las-Cases écrivit aussi à lord Barthust une protestation énergique contre les actes arbitraires et tyranniques dont il avait été la victime, de la part de ses agents :

« Milord, lui dit-il, si j'ai tant tardé à vous adresser » mes griefs, n'en accusez que vous-même, la per- » sécution que j'ai rencontrée sur vos rivages, et » celle dont vous avez donné l'impulsion dans les » pays voisins. Il semblerait en effet qu'on a in- » venté pour moi un supplice nouveau : la dépor- » tation sur les grands chemins, quoique moribond. » Je me suis vu traîné de ville en ville comme un » malfaiteur, sans qu'on pût m'en donner aucun » motif, ni m'accorder aucun repos. Dans cet état, « comment pouvais-je vous écrire ? »

A la suite de cette vive réclamation, l'envoyé bri-

.tannique auprès de la diète de Francfort, M. Lamb, reçut ordre de faire cesser les persécutions dont de Las-Cases était l'objet, et de lui restituer tous ses papiers. On a tout lieu de croire que l'intervention de l'empereur François eût plus de part à cette tardive détermination du cabinet anglais, que le repentir des ministres de Sa Majesté britannique.

Aussitôt que de Las-Cases fut libre, il quitta Francfort pour se rendre aux environs de Paris, où il vécut dans la plus profonde retraite.

Le comte de Las-Cases a eu deux fils :

Emmanuel-Pons-Dieudonné et Barthélemi de Las-Cases. L'aîné qui, comme je l'ai dit, avait suivi l'Empereur à Ste-Hélène, écrivait quelquefois, à défaut de son père, sous la dictée de Napoléon, l'histoire de ses campagnes. L'intelligence précoce de ce jeune homme, âgé de 16 ans seulement, frappa Napoléon qui en félicita un jour son père par ce peu de mots : « Il y a de l'avenir dans ce jeune » homme! »

Lorsque de Las-Cases fût arrêté, par ordre d'Hudson Lowe, et obligé de quitter Ste-Hélène, son fils Emmanuel le suivit pour partager les horribles persécutions auxquelles il fut en butte de Longwood au cap de Bonne-Espérance et de la terre des Hottentots sur les bords de la Tamise et du Mein.

Après la mort du prisonnier de Ste-Hélène, Emmanuel de Las-Cases fit un voyage en Angleterre pour y chercher le fameux geôlier Hudson Lowe auquel il infligea publiquement un sanglant outrage, sans pouvoir le déterminer à réclamer une honorable satisfaction, Hudson Lowe ayant cru plus prudent de laver cette insulte, non à l'aide de son épée, mais en faisant appel au glaive de Thémis.

Cette indigne conduite d'Hudson Lowe souleva contre lui, en Angleterre, une indignation générale: Wellington le chassa du régiment des horses-guards, les membres de l'union le chassèrent de leur club; lady Holland lui refusa publiquement sa porte, les journaux cessèrent de le défendre. Les ministres seuls le soutinrent : ils lui donnèrent la propriété du 93e régiment d'infanterie; mais quand il voulut passer la revue de ce régiment, les officiers déclarèrent tous : « qu'ils se démettraient de leur grade » plutôt que de se soumettre à un pareil affront. »

Telles furent, pour la seconde fois, les manifestations de la nation et de l'armée anglaise contre les ministres de cette époque.

A peine Napoléon III arriva-t-il au faîte du pouvoir, qu'il nomma Emmanuel Pons de Las-Cases sénateur, voulant récompenser en lui le rare dévouement du compagnon d'exil de son oncle et l'énergie avec laquelle il avait vengé, sur la personne d'Hudson Lowe, les outrages faits à Napoléon et à de Las-Cases, son père.

Ce digne fils de notre illustre compatriote n'a point joui longtemps du bienfait de l'Empereur; une mort prématurée l'a enlevé depuis peu à ses amis, à sa famille.

Le second fils du comte de Las-Cases, Barthélemy, est député de Maine-et-Loire; il jouit dans ce département de toute la considération qui s'attache à sa personne, comme à la mémoire de son père devenu par ses écrits, son courage et sa fidélité à l'Empereur Napoléon Ier, une de nos plus illustres gloires nationales.

Ce n'est pas de nos jours seulement que date l'illustration du nom de Las-Cases, elle remonte au 15e siècle : un membre de cette famille, Barthélemy de Las-Cases, le célèbre évêque de la Chiapa (Mexique), né à Séville 1474, homme de Dieu et apôtre zélé du Christ, ne craignit pas : « tout en » prêchant l'Évangile aux indiens et aux nègres, de » prêcher l'humanité à leurs oppresseurs. »

De Las-Cases, dont je viens de faire la notice biographique comme militaire, administrateur, conseiller d'État, comme auteur d'un atlas historique et géographique, ouvrage précieux, enfin comme auteur du *Mémorial de Ste-Hélène*, aurait déjà des titres suffisants à être honoré dignement dans le pays qui l'a vu naître ; mais ce qui rehausse sa mémoire, en la rendant impérissable et digne d'un honneur national, c'est sa fidélité à toute épreuve, et son dévouement sans bornes, à l'homme qui, magnanime au temps de sa grandeur, sût puiser dans son âme assez de force pour surmonter son infortune. Et, ce qui accroît encore l'illustration de Las-Cases, c'est qu'il fut, non pas l'adulateur de la toute puissance, mais le courtisan du malheur, le confident et le consolateur de Napoléon, lorsque, par suite de l'implacable animosité des ministres anglais, l'Empereur fut condamné à un affreux exil.

Ah! c'est là, sur ce rocher de Ste-Hélène, cette Sibérie du sud de l'Europe, que de Las-Cases sût conquérir l'estime, l'affection et l'amitié de celui qui naguère était le plus puissant du monde, et qui, lâchement abandonné par ceux qu'il avait comblés de bienfaits, n'était entouré que d'un petit nombre d'amis, restés toujours fidèles !

Oui, c'est à ce dévouement et à cette fidélité absolus de Las-Cases, vertus sublimes dont l'humanité doit s'énorgueillir, que je désire voir élever un monument national, qui, rappelant deux noms inséparables l'un de l'autre, soit digne à la fois du sacrifice héroïque de Las-Cases et du monarque immortel qui en fut l'objet.

Quant aux frais de ce monument, je solliciterai, auprès du gouvernement de Napoléon III, une partie des fonds nécessaires à la dépense, et, si mes efforts sont couronnés de succès, comme je n'en doute pas, je provoquerai alors une souscription dans le département du Tarn, souscription qui, j'ose l'espérer, sera grossie par un nombre considérable de notabilités de tous les départements de l'Empire, désireuses de contribuer à l'érection d'un monument destiné à perpétuer la mémoire de Las-Cases et à honorer ces vertus si rares : *le dévouement et la fidélité.*

Le général baron A. GORSSE.

9 782013 343671